Was KI wirklich kann – und was nicht

Orientierung für Einsteiger, die Klarheit statt Versprechen suchen

Timo Westrich

ISBN: 978-3-9827699-1-2

Impressum

Titel: *Was KI wirklich kann – und was nicht*

Herausgeber:

Timo Westrich

Lochackerweg 3

82205 Gilching

Deutschland

Kontakt:

E-Mail: timo@westri.ch

Web: www.charlgpt.de

www.28daystoki.de

Inhaltsverzeichnis

Vorwort

Warum dieses Buch geschrieben wurde

Künstliche Intelligenz ist kein neues Thema.

Neu ist nur, wie präsent sie geworden ist.

Plötzlich taucht sie überall auf. In Gesprächen. In Programmen. In Medien.

Oft begleitet von einem Ton, der suggeriert: *Jetzt wird es ernst. Jetzt muss man sich kümmern.*

Viele Menschen reagieren darauf nicht mit Neugier, sondern mit Zurückhaltung. Manche mit Skepsis. Manche mit Überforderung. Manche mit dem Gefühl, dass ihnen etwas aufgezwungen wird, das sie weder gesucht noch gebraucht haben.

Dieses Buch ist aus genau dieser Beobachtung entstanden.
Nicht aus dem Wunsch, zu erklären, wie KI funktioniert.
Nicht aus dem Anspruch, jemanden voranzubringen.
Und schon gar nicht aus der Idee, Begeisterung zu erzeugen.
Sondern aus dem Bedürfnis nach Einordnung.

Ein Buch ohne Eile

Dieses Buch will nicht beschleunigen. Es will entschleunigen.
Es setzt kein Vorwissen voraus. Es erwartet keine Entscheidung. Es verfolgt kein Ziel. Es lädt nicht ein, etwas „zu lernen“, sondern etwas zu verstehen.

Verstehen bedeutet hier nicht, technische Zusammenhänge zu durchdringen. Sondern ein Gefühl dafür zu entwickeln, was KI ist, was sie kann – und wo ihre Grenzen liegen.
Das reicht oft schon aus, um innere Unruhe zu reduzieren.

Kein Entweder-oder

Rund um KI wird häufig in Gegensätzen gedacht. Begeisterung oder Ablehnung. Fortschritt oder Rückstand. Mitmachen oder verlieren.
Dieses Buch geht einen anderen Weg. Es zeigt, dass man sich weder positionieren noch entscheiden muss. Dass man neugierig sein darf, ohne etwas zu übernehmen. Dass man skeptisch sein darf, ohne etwas

abzulehnen. Und dass man sich auch ganz bewusst heraushalten darf.
All das sind gültige Haltungen.

Für wen dieses Buch gedacht ist

Dieses Buch richtet sich an Menschen, die:

- KI einordnen möchten, ohne sich zu verlieren
- lieber lesen als klicken
- lieber verstehen als ausprobieren
- und lieber ruhig entscheiden als unter Druck reagieren

Es richtet sich nicht an Menschen, die alles ausschöpfen wollen.
Und nicht an Menschen, die schnelle Ergebnisse suchen.

Wie dieses Buch gelesen werden darf

Man kann dieses Buch von vorne bis hinten lesen.

Man kann aber auch innehalten, zurückblättern oder es weglegen.

Es ist kein Kurs.

Kein Trainingsprogramm.

Kein Einstieg mit Verpflichtung.

Es ist ein Angebot zur Orientierung.

Mehr nicht. Aber auch nicht weniger.

Kapitel 1

Warum KI gerade so viel Unruhe erzeugt

Es gibt technische Themen, die kommen leise.

Und es gibt solche, die kommen laut.

Künstliche Intelligenz gehört eindeutig zur zweiten Kategorie.

Kaum ein anderes Thema hat in so kurzer Zeit so viele Meinungen, Erwartungen, Ängste und Versprechen ausgelöst. Für manche ist KI eine riesige Chance. Für andere eine Bedrohung. Und für viele schlicht etwas, bei dem sie innerlich abwinken und sagen: *„Nicht noch so ein Ding, mit dem ich mich jetzt auch noch beschäftigen soll."*

Genau diese Reaktion ist verständlich.

Denn die meisten Menschen erleben KI nicht als Einladung, sondern als Zumutung. Sie taucht plötzlich überall auf: in Schlagzeilen, in Gesprächen, im Berufsalltag, in Software-Updates. Oft begleitet von einem Unterton, der Druck erzeugt. Wer nicht mitmacht, bleibt zurück. Wer nicht versteht, verliert den Anschluss. Wer sich nicht jetzt kümmert, ist zu spät.

Das Problem ist nicht die Technologie selbst.

Das Problem ist die Art, wie über sie gesprochen wird.

Zwischen Versprechen und Verunsicherung

Wenn man sich anschaut, wie KI in Medien, sozialen Netzwerken oder auf

Veranstaltungen dargestellt wird, begegnen einem oft zwei Extreme.
Auf der einen Seite stehen große Versprechen. KI soll alles effizienter machen, kreativer, schneller, besser. Sie soll Arbeit abnehmen, Probleme lösen, Entscheidungen vorbereiten, Texte schreiben, Bilder erzeugen, Musik komponieren, Videos schneiden.
Manchmal klingt es so, als gäbe es kaum noch einen Bereich, den KI nicht bald übernehmen könnte.
Auf der anderen Seite stehen ebenso große Sorgen. Menschen fürchten, ersetzbar zu werden. Sie fragen sich, ob ihre Fähigkeiten noch zählen. Ob ihr Beruf eine Zukunft hat. Ob sie den Anschluss verlieren, wenn sie sich nicht

sofort einarbeiten. Ob sie irgendwann nicht mehr mitreden können.

Beide Seiten haben eines gemeinsam: Sie erzeugen Unruhe.

Denn sowohl überzogene Erwartungen als auch überzogene Ängste führen dazu, dass man sich innerlich unter Druck gesetzt fühlt. Und Druck ist kein guter Ausgangspunkt für Lernen, Verstehen oder einen ruhigen Umgang mit neuen Dingen.

Warum sich viele überfordert fühlen

Viele Menschen haben das Gefühl, dass KI „plötzlich da" war. Dabei stimmt das so nicht. Die zugrunde liegenden Technologien entwickeln sich seit Jahrzehnten. Aber erst in den letzten Jahren sind Anwendungen entstanden, die direkt im Alltag auftauchen – ohne Fachwissen, ohne Vorbereitung, ohne Einordnung.

Das ist etwas Neues.

Früher kamen technische Neuerungen oft schrittweise. Man konnte sie ignorieren, ausprobieren oder später nachziehen. Bei KI entsteht dagegen schnell der Eindruck, man müsse sich sofort positionieren. Dafür oder dagegen. Dafür gerüstet oder abgehängt.

Neugierig oder skeptisch.

Hinzu kommt: Viele Erklärungen zu KI sind entweder zu technisch oder zu oberflächlich. Entweder man versteht sie nicht – oder man traut ihnen nicht.

Beides führt dazu, dass man sich innerlich zurückzieht.

Nicht, weil man uninteressiert ist.

Sondern weil man sich schützen möchte.

Der Vergleich mit früheren Umbrüchen

Wenn man einen Schritt zurücktritt, wirkt die aktuelle Situation weniger einzigartig, als sie sich anfühlt.

Technologische Umbrüche gab es schon immer. Der Taschenrechner hat das Kopfrechnen nicht abgeschafft. Das Navi hat das Denken nicht ersetzt.

Textverarbeitung hat das Schreiben nicht überflüssig gemacht.

Und doch war jedes dieser Werkzeuge anfangs umstritten. Es gab Diskussionen, Sorgen, Widerstände. Heute sind sie selbstverständlich. Nicht, weil sie perfekt sind, sondern weil sie sich eingeordnet haben.

Der Unterschied bei KI ist: Sie wirkt persönlicher.
KI schreibt Texte, formuliert Gedanken, erzeugt Bilder. Dinge, die viele Menschen mit Kreativität, Intelligenz oder Persönlichkeit verbinden. Deshalb berührt sie mehr als frühere Werkzeuge. Und genau deshalb löst sie stärkere Reaktionen aus.

Warum dieses Buch einen anderen Weg geht

Dieses Buch ist nicht entstanden, um KI zu erklären, wie man ein Gerät erklärt. Es geht nicht darum, Funktionen aufzulisten oder Anleitungen zu geben. Es geht auch nicht darum, jemanden zu überzeugen.
Es geht darum, Ruhe hineinzubringen.

Ruhige Einordnung statt lauter Behauptungen.

Verständnis statt Überforderung.

Orientierung statt Erwartungsdruck.

Dieses Buch nimmt bewusst Abstand von der Frage: *„Was kann man alles mit KI machen?"*

Stattdessen stellt es eine andere Frage:

„Was bedeutet KI eigentlich – und wie ordnet man sie sinnvoll ein?"

Denn erst, wenn diese Frage beantwortet ist, kann man entscheiden, ob und wie man sich damit beschäftigen möchte.

Niemand muss hier etwas lernen

Ein wichtiger Gedanke gleich zu Beginn: Niemand muss dieses Buch lesen, um „fit für die Zukunft" zu sein. Niemand muss danach KI nutzen. Niemand muss etwas umsetzen.

Lesen allein reicht.

Verstehen allein reicht.

Man darf dieses Buch auch einfach weglegen und sagen: *„Jetzt habe ich ein besseres Gefühl dafür – und das genügt mir.“*

Dieser Gedanke ist wichtig, weil er den Druck herausnimmt. Lernen funktioniert nicht gut unter Zwang. Und Neugier entsteht nicht aus Angst.

Ein kurzer Gedanke von Charly 🐶

„Wenn alle aufgeregt durcheinanderlaufen, ist es manchmal schlau, erst mal sitzen zu bleiben und zu schauen.“

Was dieses Kapitel leisten soll

Dieses erste Kapitel soll keine Antworten liefern, sondern den Raum öffnen. Es soll zeigen, warum das Thema KI so viel Unruhe erzeugt – und warum diese Unruhe kein persönliches Versagen ist.

Viele Menschen sind nicht zu langsam.

Sie sind nicht zu alt.

Sie sind nicht zu untechnisch.

Sie sind einfach vorsichtig.

Und Vorsicht ist kein Nachteil, sondern oft ein Zeichen von Verantwortungsbewusstsein.

Ein ruhiger Übergang

In den nächsten Kapiteln wird dieses Buch Schritt für Schritt klären, was KI eigentlich ist, was sie gut kann – und wo ihre Grenzen liegen. Ohne Technik, ohne Fachsprache, ohne Überforderung. Nicht, um jemanden voranzutreiben. Sondern um Orientierung zu geben. Denn wer versteht, was gerade passiert, muss keine Angst haben, etwas zu verpassen.

Kapitel 2

Was KI eigentlich ist (ohne Technik)

Wenn über Künstliche Intelligenz gesprochen wird, taucht fast automatisch ein bestimmtes Bild im Kopf auf. Etwas Eigenständiges. Etwas, das „denkt“. Vielleicht sogar etwas, das irgendwann Entscheidungen trifft oder den Menschen ersetzt.

Dieses Bild ist verständlich – aber es ist ungenau.

Und genau diese Unschärfe sorgt für viele Missverständnisse.

Um KI sinnvoll einordnen zu können, hilft es, einen Schritt zurückzugehen und sich von einigen Begriffen zu lösen, die mehr verwirren als erklären.

Warum das Wort „Intelligenz“ irreführt

Der Ausdruck *Künstliche Intelligenz* ist historisch gewachsen. Er klingt eindrucksvoll, aber er führt in die Irre.

Denn KI ist nicht intelligent im menschlichen Sinne.

Sie denkt nicht.

Sie versteht nicht.

Sie weiß nichts.

Was KI tut, ist etwas anderes:

Sie erkennt Muster.

Sehr viele davon.

KI verarbeitet große Mengen an Informationen und berechnet, welche Antwort, welches Wort oder welches Bild statistisch am besten passt. Nicht, weil sie Bedeutung erfasst, sondern weil sie Wahrscheinlichkeiten kombiniert.

Das Ergebnis kann klug wirken.

Aber es ist kein Denken.

Dieser Unterschied ist entscheidend.

Denn wer glaubt, KI denke, erwartet Dinge, die sie nicht leisten kann – und fürchtet Dinge, die sie nicht tut.

KI als Werkzeug – nicht als Gegenüber

Ein hilfreiches Bild ist das eines Werkzeugs. Nicht eines komplizierten, sondern eines alltäglichen.

Ein Taschenrechner weiß nicht, was eine Zahl bedeutet. Er rechnet trotzdem zuverlässig.

Ein Navigationssystem weiß nicht, wohin man will. Es zeigt trotzdem Wege an.

Eine Textverarbeitung versteht keinen Satz. Sie hilft trotzdem beim Schreiben.

KI ist eine Erweiterung dieser Idee.

Ein Werkzeug, das mit Sprache, Bildern oder anderen Inhalten umgehen kann – ohne sie zu verstehen.

Das bedeutet:

KI ist kein Gegenüber.

Sie hat keine Absicht.

Kein Ziel.

Keine Meinung.

Alles, was sie „äußert", entsteht aus Reaktion. Nicht aus Wille.

Warum sich KI trotzdem so menschlich anfühlt

Viele Menschen sind überrascht, wie „natürlich" sich der Umgang mit KI anfühlt. Man stellt Fragen, bekommt Antworten, formuliert nach, probiert etwas aus. Das erinnert an ein Gespräch.

Dieses Gefühl entsteht, weil KI speziell dafür entwickelt wurde, menschliche Sprache nachzuahmen. Sie antwortet in vollständigen Sätzen, greift Begriffe auf, reagiert auf den Tonfall.

Das ist beeindruckend – und gleichzeitig der Punkt, an dem viele Missverständnisse entstehen.

Denn Vertrautheit bedeutet nicht Verständnis.

Und ein flüssiger Text bedeutet nicht Einsicht.

KI simuliert Kommunikation.

Sie führt sie nicht.

Keine Magie, keine Täuschung

Es ist wichtig, an dieser Stelle eines klarzustellen:

KI täuscht nicht bewusst. Sie gibt sich

nicht absichtlich als etwas aus, das sie nicht ist.

Wenn eine Antwort überzeugend klingt, dann nicht, weil KI „lügt“, sondern weil sie darauf optimiert ist, stimmige Sprache zu erzeugen. Ob der Inhalt richtig, sinnvoll oder passend ist, liegt außerhalb ihres eigenen „Bewusstseins“ – denn ein solches Bewusstsein gibt es nicht.

Deshalb ist es auch kein Zeichen von Naivität, wenn man sich von KI-Ergebnissen beeindrucken lässt. Das passiert fast allen. Entscheidend ist nur, zu wissen, *warum* das so ist.

KI denkt nicht voraus

Ein weiterer wichtiger Punkt:

KI plant nichts.

Sie hat kein Ziel, das sie erreichen möchte.
Sie verfolgt keinen Zweck.
Sie entwickelt keine Strategie.
Jede Antwort entsteht neu – als Reaktion auf das, was gerade eingegeben wurde.
Es gibt kein langfristiges Denken, kein Abwägen, kein „Lernen aus Erfahrung“ im menschlichen Sinn.
Das bedeutet auch:
KI kann unterstützen, aber nicht führen.
Sie kann Vorschläge machen, aber keine Verantwortung übernehmen.

Warum diese Einordnung entlastet

Viele Ängste rund um KI entstehen aus der Vorstellung, man habe es mit etwas Eigenständigem zu tun. Mit einer Art digitalem Gegenüber, das immer klüger wird und irgendwann Entscheidungen trifft, die man nicht mehr versteht.

Wenn man KI stattdessen als Werkzeug begreift, verschiebt sich der Blick. Dann geht es nicht mehr um Kontrolle verlieren, sondern um Kontrolle behalten.

Ein Werkzeug kann man nutzen – oder liegen lassen.

Man kann es falsch einsetzen – oder sinnvoll.

Aber man bleibt verantwortlich.

Diese Klarheit nimmt Druck.

Ein kurzer Gedanke von Charly 🐶

„Ich reagiere auch auf Muster.

Futtergeräusch zum Beispiel.

Aber ich plane keine Weltherrschaft."

Was dieses Kapitel leisten soll

Dieses Kapitel soll keine technische Erklärung ersetzen. Es soll auch kein vollständiges Bild liefern. Es soll vor allem eines tun: Begriffe sortieren. Wenn man versteht, dass KI kein denkendes Wesen ist, sondern ein leistungsfähiges Werkzeug, wird vieles einfacher. Erwartungen werden realistischer. Ängste verlieren an Schärfe. Und der Umgang wird ruhiger.

Ein Übergang

Im nächsten Kapitel geht es darum, was KI tatsächlich gut kann – ganz praktisch, ganz bodenständig. Nicht als Versprechen, sondern als Möglichkeit.

Denn erst, wenn man weiß, *was etwas ist*, kann man sinnvoll darüber sprechen, *was es leisten kann*.

Kapitel 3

Was KI gut kann

Nachdem wir geklärt haben, was KI *nicht* ist, wird es Zeit für eine ruhigere, praktischere Frage:

Was kann KI eigentlich gut – ganz konkret, ganz alltagstauglich?

Nicht theoretisch.

Nicht als Versprechen.

Sondern so, dass man es einordnen kann, ohne sofort etwas tun zu müssen.

Denn vieles, was KI heute gut kann, ist weniger spektakulär, als es oft dargestellt wird. Aber genau darin liegt ihre Stärke.

Unterstützung statt Übernahme

Eine hilfreiche Grundidee vorweg:

KI funktioniert am besten dort, wo sie **unterstützt**, nicht dort, wo sie **ersetzt**.

Sie ist gut darin, Dinge vorzubereiten, zu ordnen, zu strukturieren. Sie kann Vorschläge machen, Varianten zeigen, Alternativen aufzeigen. Aber sie übernimmt keine Verantwortung – und sollte das auch nicht.

Das bedeutet:

KI ist stark im Hintergrund.

Nicht im Vordergrund.

Wer versucht, ihr die Führung zu überlassen, wird enttäuscht.

Wer sie als Hilfe versteht, oft angenehm überrascht.

Texte: Ordnung im Kopf schaffen

Einer der häufigsten und sinnvollsten Einsatzbereiche von KI ist das Arbeiten mit Texten. Und damit ist nicht gemeint, ganze Bücher schreiben zu lassen oder perfekte Formulierungen zu produzieren.

Viel hilfreicher sind die kleinen Dinge.

Ein Gedanke, der unsortiert ist.

Ein Text, der zu lang geraten ist.

Eine Nachricht, die sachlicher oder freundlicher klingen soll.

Ein Absatz, der verständlicher werden könnte.

KI kann hier unterstützen, indem sie Ordnung vorschlägt. Sie kann helfen, einen Gedanken klarer auszudrücken oder einen Text zu glätten, ohne ihn zu verfremden. Nicht als Autor, sondern als Spiegel.

Wichtig ist dabei:

Der Mensch bleibt Absender.

Der Ton bleibt menschlich.

KI hilft – sie ersetzt nicht.

Gerade für Menschen, die sich mit Schreiben schwertun oder unsicher sind, kann das entlastend sein. Nicht, weil sie „besser" schreiben müssen, sondern weil sie sich sicherer fühlen dürfen.

Gedanken sortieren, ohne schneller zu werden

Ein oft unterschätzter Nutzen von KI liegt nicht im Tempo, sondern in der **Entlastung**.

Viele Menschen haben keinen Mangel an Ideen, sondern an Übersicht. Gedanken kreisen, Themen überlagern sich, Entscheidungen werden aufgeschoben, weil der Kopf zu voll ist.

KI kann helfen, solche Gedanken zu sortieren. Sie kann dabei unterstützen, Dinge aufzuschreiben, zu strukturieren

und in eine Reihenfolge zu bringen.
Nicht, um schneller zu werden – sondern ruhiger.
Manchmal reicht es schon, Gedanken einmal außerhalb des eigenen Kopfes zu sehen, um wieder Klarheit zu gewinnen.
KI kann diesen Schritt erleichtern, ohne ihn zu dominieren.

Bilder: Wenn Verstehen nicht über Worte kommt

Während Texte vor allem im Denk- und Arbeitsalltag eine Rolle spielen, sind Bilder oft der Moment, in dem KI plötzlich greifbar wird – gerade für skeptische Menschen.
Denn Bilder sprechen anders an als Worte. Sie wirken direkter, emotionaler,

unmittelbarer. Und sie brauchen keine Erklärung.

Ein Beispiel aus dem persönlichen Umfeld:

Ein Bild, das es so nie gegeben hat – nicht real, nicht dokumentarisch, sondern eine spielerische, respektvolle Vorstellung.

Und plötzlich war da kein Abwinken mehr.

Kein „brauch ich nicht“.

Sondern ein Lächeln.

Vielleicht sogar Neugier.

Nicht, weil das Bild wahr war.

Sondern weil es berührt hat.

Genau hier zeigt sich eine besondere Stärke von KI:

Sie kann Vorstellungen sichtbar machen.

Nicht als Ersatz für Erinnerung, sondern

als Interpretation. Als Möglichkeit. Als Gedanke in Bildform.

Keine Wahrheit, aber Wirkung

Es ist wichtig, an dieser Stelle klar zu bleiben:

KI-Bilder sind keine Wahrheit.

Sie sind keine Dokumente.

Sie ersetzen keine Realität.

Aber sie können Wirkung entfalten.

Sie können Gespräche öffnen.

Sie können Humor erzeugen.

Sie können Nähe schaffen.

Und manchmal reicht genau das, um Skepsis abzubauen. Nicht durch Argumente, sondern durch Erfahrung.

Musik und Video: Spielraum statt Produktivität

Neben Texten und Bildern gibt es weitere Bereiche, in denen KI heute eingesetzt wird – etwa bei Musik oder Video. Für viele Menschen ist das kein Arbeitswerkzeug, sondern eher eine Spielwiese.

Und das ist völlig in Ordnung.

Nicht alles, was KI kann, muss sinnvoll, nützlich oder produktiv sein. Manchmal reicht es, neugierig zu sein. Dinge auszuprobieren. Zu sehen, was möglich ist – ohne Anspruch.

Gerade für Menschen, die mit KI fremdeln, kann dieser spielerische Zugang hilfreich sein. Weil er keinen Druck erzeugt. Weil nichts „richtig“ oder „falsch“ ist. Weil es kein Ziel gibt.

KI darf auch leicht sein.

Warum gerade das Skeptiker erreicht

Menschen, die skeptisch sind, lassen sich selten durch Erklärungen überzeugen.

Und schon gar nicht durch Begeisterung.

Was Skeptiker oft brauchen, ist ein Moment, der zeigt:

Das ist weniger bedrohlich, als ich dachte.

Ein Bild.

Ein Text.

Ein kleiner Aha-Moment.

KI wirkt dann nicht mehr wie ein abstraktes Konzept, sondern wie ein Werkzeug, das man anfassen kann – oder eben auch nicht.

Und genau darin liegt die Stärke:

KI muss niemanden überzeugen.

Sie muss nur verständlich werden.

Ein kurzer Gedanke von Charly 🐶

„Manchmal versteht man Dinge nicht mit dem Kopf,
sondern mit dem Bauch.“

Eine ruhige Einordnung

KI kann vieles gut.

Aber sie muss nichts davon beweisen.

Sie ist stark dort, wo sie unterstützt.

Wo sie sichtbar macht.

Wo sie Ordnung schafft.

Wo sie spielerisch bleibt.

Nicht jeder Bereich muss genutzt werden. Nicht jeder Mensch muss alles ausprobieren. Ein einzelner sinnvoller Anwendungsfall reicht völlig.

Übergang

Im nächsten Kapitel geht es um die andere Seite: um die Grenzen von KI. Um das, was sie nicht kann – und wahrscheinlich nie können wird. Diese Grenzen sind kein Makel. Sie sind das, was Vertrauen ermöglicht.

Kapitel 4

Was KI nicht kann – und wahrscheinlich nie wird

Nachdem wir gesehen haben, was KI gut kann, ist es ebenso wichtig, über ihre Grenzen zu sprechen. Nicht als Warnung. Nicht als Abrechnung. Sondern als notwendige Einordnung. Denn Vertrauen entsteht nicht durch Begeisterung, sondern durch Klarheit.

KI versteht nichts

So überzeugend viele Antworten wirken – KI versteht nicht, was sie sagt. Sie erkennt Muster in Sprache, Bildern oder Zahlen. Sie kombiniert Wahrscheinlichkeiten. Sie erzeugt Antworten, die *passen*. Aber sie weiß nicht, *warum* etwas passt.

Verstehen im menschlichen Sinn bedeutet Einordnung, Erfahrung, Bedeutung. All das fehlt.

KI kann den richtigen Satz formulieren, ohne zu wissen, was er bedeutet.

Sie kann Trost spenden, ohne zu fühlen.

Sie kann erklären, ohne zu begreifen.

Das ist kein Fehler – sondern eine Grenze.

KI hat kein Urteilsvermögen

KI kann Optionen liefern.

Sie kann Argumente sammeln.

Sie kann Vor- und Nachteile auflisten.

Aber sie kann nicht abwägen.

Sie kennt keine Konsequenzen.

Keine Verantwortung.

Keine Prioritäten, die aus Lebenserfahrung entstehen.

Deshalb darf KI niemals entscheiden. Sie kann vorbereiten – aber das Urteil bleibt menschlich.

Gerade bei persönlichen, moralischen oder zwischenmenschlichen Fragen ist diese Grenze entscheidend.

KI kennt keine Wahrheit

Ein weiterer wichtiger Punkt:

KI prüft nicht, ob etwas wahr ist.

Sie kombiniert Informationen aus vorhandenen Daten und erzeugt daraus plausible Antworten. Das kann richtig sein – oder falsch. Für KI gibt es keinen Unterschied.

Deshalb können Antworten überzeugend klingen und trotzdem nicht stimmen.

Nicht aus Absicht, sondern aus Funktionsweise.

Das bedeutet nicht, dass man misstrauisch werden muss. Aber wach.

KI trägt keine Verantwortung

Wenn etwas schiefgeht, ist KI nicht verantwortlich.

Sie spürt keine Folgen.

Keinen Schaden.

Keinen Verlust.

Verantwortung liegt immer beim Menschen, der sie nutzt. Das ist keine moralische Forderung, sondern eine sachliche Feststellung.

KI ist ein Werkzeug.

Werkzeuge tragen keine Verantwortung.

Menschen schon.

KI ersetzt keine Erfahrung

Erfahrung entsteht aus Leben.

Aus Fehlern.

Aus Begegnungen.

Aus Zeit.

KI hat all das nicht.

Sie kann Erfahrung simulieren, beschreiben oder zusammenfassen. Aber sie kann sie nicht ersetzen. Intuition, Bauchgefühl, situatives Gespür – all das bleibt menschlich.

Und genau das ist kein Nachteil, sondern ein Fundament.

Warum diese Grenzen entlasten

Grenzen wirken oft einschränkend. In diesem Fall tun sie das Gegenteil.

Sie nehmen Druck.

Sie nehmen Angst.

Sie holen Verantwortung zurück.

Wer weiß, was KI nicht kann, muss ihr nichts zutrauen, was sie nicht leisten kann. Und wer das versteht, kann sie gelassener nutzen – oder auch bewusst nicht.

Ein kurzer Gedanke von Charly 🐶

„Ich kann viel.

Aber entscheiden muss trotzdem immer der Mensch."

Übergang

Im nächsten Kapitel geht es darum, wie KI im Alltag auftauchen kann – leise, hilfreich, unspektakulär.

Nicht als großes Projekt.

Sondern als Möglichkeit.

Kapitel 5

KI im Alltag – leise, hilfreich, unspektakulär

Nachdem wir geklärt haben, was KI kann und wo ihre Grenzen liegen, stellt sich eine naheliegende Frage:

Wie taucht KI eigentlich im Alltag auf – jenseits von Schlagzeilen und Zukunftsdebatten?

Die ehrliche Antwort lautet:

Meistens leise.

Und oft unspektakulär.

Gerade darin liegt ihre Stärke.

KI muss nicht auffallen, um hilfreich zu sein

Viele technische Neuerungen werden daran gemessen, wie sichtbar sie sind. Wie sehr sie Abläufe verändern. Wie deutlich sie sich bemerkbar machen. Bei KI ist das oft der falsche Maßstab.

Ein gutes Werkzeug drängt sich nicht auf.

Es funktioniert im Hintergrund.

Man merkt es oft erst, wenn es fehlt.

KI kann genau so genutzt werden: nicht als dauerhafte Begleitung, sondern als gelegentliche Unterstützung. Ein kurzer Moment. Eine kleine Hilfe. Dann wieder weg.

Das nimmt Druck. Und es verhindert, dass KI zum Dauerzustand wird.

Schreiben im Alltag – nicht kreativ, sondern klar

Einer der häufigsten Berührungspunkte mit KI im Alltag ist das Schreiben. Nicht das kreative Schreiben, nicht das Beeindrucken – sondern das Alltägliche.

Eine E-Mail, die höflicher klingen soll.

Eine Nachricht, bei der der Ton unsicher ist.

Ein Text, der zu lang geraten ist und klarer werden muss.

In solchen Situationen kann KI helfen, ohne viel Aufhebens. Sie kann Vorschläge machen, kürzen, umformulieren. Nicht, um Persönlichkeit zu ersetzen, sondern um Missverständnisse zu vermeiden.

Wichtig dabei ist:

Der Mensch bleibt der Absender.

Der Inhalt bleibt menschlich.

KI hilft nur beim Sortieren.

Gerade für Menschen, die sich bei Formulierungen unsicher fühlen, kann das entlastend sein. Nicht, weil sie „besser“ schreiben sollen – sondern weil sie sich sicherer fühlen dürfen.

Ordnung im Kopf – nicht schneller, sondern ruhiger

Ein weiterer Alltagsbereich, in dem KI helfen kann, ist weniger sichtbar: das Denken selbst.

Viele Menschen haben volle Tage, viele Aufgaben und viele Gedanken gleichzeitig. Entscheidungen werden nicht getroffen, weil sie schwierig sind, sondern weil der Kopf zu voll ist.

KI kann hier als eine Art Denkfläche dienen. Gedanken können aufgeschrieben, sortiert, neu angeordnet werden. Nicht als Entscheidungshilfe, sondern als Ordnungshilfe.

Der Effekt ist oft nicht, dass man schneller wird.

Sondern ruhiger.

Und das ist im Alltag häufig wertvoller.

Planung und Vorbereitung – ohne Optimierungszwang

Planung klingt schnell nach Effizienz, Zeitmanagement oder Selbstoptimierung. Genau das ist hier nicht gemeint.

KI kann bei Planung helfen, ohne daraus ein System zu machen. Eine grobe Struktur für den Tag. Eine Vorbereitung für ein Gespräch. Eine Übersicht für eine Reise oder ein Vorhaben.

Nicht perfekt.

Nicht endgültig.

Nicht verbindlich.

Es geht nicht darum, alles zu kontrollieren. Sondern darum, Überblick zu gewinnen. Und manchmal reicht das schon, um entspannter in eine Situation zu gehen.

Private Nutzung – erlaubt und sinnvoll

KI wird oft im beruflichen Kontext diskutiert. Dabei darf man einen wichtigen Punkt nicht vergessen: Sie darf auch privat genutzt werden.

Für Texte auf Karten.

Für kleine Erklärungen.

Für spielerische Ideen.

Für Neugier.

Nicht jede Nutzung muss einen Zweck erfüllen. Nicht alles muss produktiv sein. Gerade Skeptiker erleben KI oft dann entspannter, wenn sie keinen Nutzen liefern *muss*.

Ein Bild, ein Text, ein Gedanke – einfach ausprobiert. Ohne Bewertung.

Das ist erlaubt.

Wann KI eher stört als hilft

So hilfreich KI sein kann – es gibt auch Situationen, in denen sie eher stört.

Bei emotionalen Entscheidungen.

Bei Konflikten.

Bei Gesprächen, die Nähe brauchen.

Bei Momenten, in denen Intuition gefragt ist.

Hier kann KI leicht ablenken oder verunsichern. Nicht, weil sie falsch ist – sondern weil sie nicht passt.

Ein souveräner Umgang mit KI bedeutet auch, sie bewusst nicht zu nutzen. Nicht aus Ablehnung, sondern aus Klarheit.

Ein kurzer Gedanke von Charly

„Wenn alles schon gesagt ist,
muss man nicht noch jemanden fragen."

Eine ruhige Zusammenfassung

KI im Alltag ist kein großes Thema.

Sie ist keine Revolution im Kleinen.

Sie ist ein Werkzeug, das man gelegentlich nutzt – oder eben nicht.

Sie darf helfen.

Sie darf schweigen.

Sie darf wieder verschwinden.

Nicht die Häufigkeit der Nutzung ist entscheidend.

Sondern die Haltung, mit der man sie nutzt.

Übergang

Im nächsten Kapitel geht es weniger um Anwendungen und mehr um innere Haltung. Um die Denkweise, mit der man KI begegnet – und warum genau diese Haltung entscheidender ist als jedes Werkzeug.

Kapitel 6

Die richtige Denkweise im Umgang mit KI

Nachdem wir gesehen haben, wie KI im Alltag auftauchen kann, lohnt sich ein Blick auf etwas weniger Sichtbares, aber Entscheidenderes: die eigene Haltung. Denn nicht die Technik bestimmt, ob KI hilfreich oder belastend wird.

Sondern die Denkweise, mit der man ihr begegnet.

Viele Schwierigkeiten im Umgang mit KI entstehen nicht aus Unwissen, sondern aus Erwartungen. Aus dem Gefühl, etwas „richtig“ machen zu müssen. Oder mithalten zu sollen. Oder schneller werden zu müssen.

Dieses Kapitel soll genau dort ansetzen.

Nicht alles, was möglich ist, ist sinnvoll

KI eröffnet viele Möglichkeiten. Aber Möglichkeiten sind kein Auftrag.

Nur weil etwas technisch machbar ist, heißt das nicht, dass es genutzt werden muss. Und schon gar nicht von allen. In einer Zeit, in der ständig neue Funktionen vorgestellt werden, entsteht schnell der Eindruck, man müsse Schritt halten, um nicht zurückzufallen.

Das ist ein Trugschluss.

Sinn entsteht nicht durch Umfang, sondern durch Auswahl. Wer bewusst entscheidet, was er nutzt und was nicht, handelt souveräner als jemand, der allem hinterherläuft.

KI darf helfen – sie muss nichts beweisen.

Fragen stellen statt Befehle geben

Ein entspannter Umgang mit KI beginnt oft mit einer kleinen inneren Verschiebung: weg vom Anspruch, „richtig“ zu fragen.

Es gibt keine perfekten Eingaben. Keine geheimen Formulierungen. Keine richtigen oder falschen Fragen. KI reagiert auf das, was man eingibt – und das darf unfertig, unscharf oder tastend sein.

Viele Menschen glauben, sie müssten erst verstehen, *wie* man mit KI spricht, bevor sie sie nutzen dürfen. In Wirklichkeit ist es umgekehrt: Verständnis entsteht durch Ausprobieren.

Nicht als Test.

Nicht als Leistung.

Sondern als Dialog ohne Konsequenzen.

Fehler gehören dazu – auch bei KI

Ein weiterer Punkt, der Druck erzeugt, ist der Wunsch nach guten Ergebnissen. Nach sinnvollen Antworten. Nach dem Gefühl, dass sich der Einsatz „gelohnt" hat.

Dabei gehören unpassende Antworten, Missverständnisse und Umwege ganz selbstverständlich dazu. KI liefert Vorschläge – keine Garantien.

Man darf nachfragen.

Man darf verwerfen.

Man darf abbrechen.

Nichts davon ist ein Scheitern. Es ist Teil des Umgangs.

Wer Perfektion erwartet, wird unzufrieden.

Wer Offenheit zulässt, bleibt gelassen.

KI ist kein Maßstab für den eigenen Wert

Eine der subtilsten Gefahren im Umgang mit KI ist der Vergleich. Nicht unbedingt mit der Technik selbst, sondern mit anderen Menschen.

Wer KI schneller nutzt, wirkt effizienter. Wer mehr ausprobiert, scheint weiter zu sein. Wer Ergebnisse teilt, erscheint kompetenter.

Doch all das sagt wenig aus.

Produktivität ist kein Maßstab für Wert.

Tempo ist kein Zeichen von Tiefe.

Sichtbarkeit ist kein Beweis für Verständnis.

Der eigene Wert hängt nicht davon ab, wie gut oder wie häufig man KI nutzt.

Diese Klarheit ist wichtig, um sich nicht unter Druck setzen zu lassen.

Eigene Grenzen ernst nehmen

Manche Menschen spüren schnell, wenn ihnen etwas zu viel wird. Andere merken es erst später. Beides ist in Ordnung.

KI kann entlasten – aber sie kann auch überfordern. Besonders dann, wenn sie zu präsent wird oder als ständiger Begleiter empfunden wird.

Es ist vollkommen legitim, Pausen zu machen. KI bewusst zu ignorieren. Oder sie eine Zeit lang gar nicht zu nutzen.

Grenzen sind kein Zeichen von Schwäche.

Sie sind ein Zeichen von Selbstwahrnehmung.

Lernen darf langsam sein

In vielen Bereichen des Lebens wird Lernen mit Geschwindigkeit gleichgesetzt. Schnell verstehen. Schnell anwenden. Schnell weiterkommen.

Für KI gilt das nicht.

Es gibt kein Ziel, das erreicht werden muss. Kein Niveau, das man „haben“ sollte. Kein Zeitpunkt, zu dem man fertig ist.

Lernen darf langsam sein.

Neugier darf kommen und gehen.

Interesse darf wachsen – oder auch wieder verschwinden.

Das ist kein Rückschritt.

Das ist ein gesunder Umgang.

Ein kurzer Gedanke von Charly 🐶

„Langsam ist auch ein Tempo.

Und manchmal das bessere."

Eine ruhige Zusammenfassung

Die richtige Denkweise im Umgang mit KI ist keine Technikfrage. Sie ist eine Haltungsfrage.

Gelassenheit schlägt Geschwindigkeit.

Auswahl schlägt Vollständigkeit.

Verstehen schlägt Mitmachen.

Wer diese Haltung einnimmt, bleibt souverän – unabhängig davon, wie oft oder wie intensiv KI genutzt wird.

Übergang

Im nächsten Kapitel geht es um typische Missverständnisse und falsche Erwartungen rund um KI. Um

Gedanken, die viele haben – und über die selten offen gesprochen wird. Denn oft entsteht Entlastung nicht durch neue Informationen, sondern durch das Gefühl, nicht allein zu sein.

Kapitel 7

Typische Missverständnisse und falsche Erwartungen

Viele Gedanken rund um KI werden selten laut ausgesprochen. Nicht, weil sie ungewöhnlich wären, sondern weil man glaubt, damit allein zu sein.

Genau das ist man nicht.

Dieses Kapitel greift einige der häufigsten Missverständnisse auf – nicht, um sie zu korrigieren oder zu widerlegen, sondern um sie einzuordnen. Denn oft entsteht Erleichterung nicht durch neue Informationen, sondern durch das Erkennen: *Das ist ein normaler Gedanke.*

„Ich muss das jetzt lernen"

Einer der häufigsten Gedanken im Zusammenhang mit KI lautet:

Ich muss mich damit beschäftigen. Sonst bin ich irgendwann raus.

Dieser Gedanke entsteht selten aus echtem Interesse. Meist entsteht er aus Druck. Aus Schlagzeilen. Aus Gesprächen. Aus dem Gefühl, dass gerade etwas Wichtiges passiert – und man nicht hinterherkommen darf.

Die Wahrheit ist einfacher:

Niemand muss KI lernen.

KI ist kein Pflichtfach.

Kein Grundwissen.

Kein Mindeststandard.

Wer sie nutzt, tut das freiwillig. Wer sie nicht nutzt, trifft ebenfalls eine legitime Entscheidung. Beides ist in Ordnung.

„Alle anderen sind schon weiter"

Soziale Vergleiche sind ein starker Verstärker von Unsicherheit. Man sieht Beiträge, hört von Projekten, liest von Erfolgen – und denkt unweigerlich: *Die sind alle weiter als ich.*

Dabei bleibt oft unsichtbar, wie fragmentarisch vieles ist. Viele probieren aus, wenige nutzen langfristig. Viele zeigen Ergebnisse, wenige zeigen Zweifel.

Fortschritt ist nicht linear.

Und schon gar nicht vergleichbar.

Was man sieht, ist selten das Ganze. Und fast nie der Maßstab für den eigenen Weg.

„KI macht mich überflüssig“

Diese Sorge sitzt tief. Sie betrifft nicht nur Berufe, sondern auch Identität. Die Frage dahinter lautet oft: *Was bleibt von mir, wenn Maschinen Dinge können, die ich bisher konnte?*

Diese Angst ist verständlich. Aber sie basiert auf einer falschen Annahme.

KI ersetzt keine Erfahrung.

Sie ersetzt kein Urteil.

Sie ersetzt keine Verantwortung.

Sie kann unterstützen. Sie kann beschleunigen. Sie kann vorbereiten.

Aber sie kann nicht tragen, was menschlich ist.

Wer das versteht, verliert nicht an Bedeutung – sondern gewinnt Klarheit.

„KI ist entweder genial oder gefährlich“

Viele Diskussionen über KI bewegen sich zwischen zwei Extremen. Entweder wird sie als Wunderwerk gefeiert oder als Bedrohung dargestellt. Dazwischen scheint wenig Platz zu sein.

Diese Schwarz-Weiß-Sicht hilft niemandem.

KI ist weder Heilsbringer noch Untergang.

Sie ist ein Werkzeug mit Stärken und Grenzen.

Ihre Wirkung entsteht nicht durch die Technik selbst, sondern durch den Umgang der Menschen mit ihr.

Zwischen Euphorie und Ablehnung liegt oft der vernünftigste Weg: Einordnung.

„Ich nutze KI falsch“

Ein weiteres Missverständnis entsteht aus Unsicherheit: *Mache ich das überhaupt richtig?*

Diese Frage setzt voraus, dass es ein richtig oder falsch gibt.

Das gibt es nicht.

KI ist kein Test.

Keine Prüfung.

Kein Kompetenznachweis.

Wenn etwas hilft, war es sinnvoll.

Wenn nicht, kann man es lassen.

Mehr Maßstab braucht es nicht.

„Wenn ich anfange, muss ich dranbleiben“

Manche Menschen zögern, KI auszuprobieren, weil sie fürchten, sich auf etwas einzulassen, das sie dann dauerhaft begleiten muss. Als würde ein erster Versuch automatisch zu einer Verpflichtung führen.

Das ist nicht so.

KI kann jederzeit ignoriert werden.

Man kann Pausen machen.

Man kann wieder aufhören.

Nichts davon ist ein Rückschritt. Es ist Teil von Selbstbestimmung.

Ein kurzer Gedanke von Charly 🐶

„Nur weil man etwas kann,

muss man es nicht ständig machen.“

Eine ruhige Zusammenfassung

Viele der Sorgen rund um KI entstehen nicht aus der Technik selbst, sondern aus Annahmen über sie. Über Erwartungen, die von außen kommen. Über Vergleiche, die nicht fair sind.

Wer diese Missverständnisse erkennt, gewinnt Abstand. Und mit Abstand kommt Ruhe.

Nicht alles muss entschieden werden.

Nicht alles muss sofort klar sein.

Nicht alles braucht eine Antwort.

Übergang

Im nächsten Kapitel geht es darum, wie ein erster Einstieg aussehen kann – wenn man ihn überhaupt möchte. Nicht als Anleitung, sondern als Einladung.

Denn manchmal reicht es zu wissen, dass man dürfte.

Auch wenn man es vielleicht nie tut.

Kapitel 8

Ein ruhiger erster Einstieg

Nach all den Einordnungen, Abgrenzungen und Gedanken stellt sich für manche Leser eine leise Frage:

Und was jetzt?

Die wichtigste Antwort gleich vorweg:

Es muss nichts passieren.

Ein Einstieg in KI ist kein Projekt.

Kein Vorhaben mit Ziel.

Kein Schritt, der etwas auslöst, das man dann durchziehen muss.

Ein Einstieg darf klein sein. Oder ausbleiben. Oder erst später stattfinden.

Ein Anfang muss nichts auslösen

Viele Menschen verbinden einen „Einstieg“ mit Aktivität. Mit einem ersten Schritt, der etwas in Gang setzt.

Genau diese Vorstellung erzeugt Druck.

Bei KI ist das nicht nötig.

Man kann sich einmal etwas anschauen.

Eine Frage stellen.

Einen Gedanken formulieren.

Und danach wieder aufhören.

Das ist kein halber Einstieg.

Das ist ein vollständiger.

Man hat gesehen, wie es sich anfühlt.

Mehr muss nicht passieren.

Der erste Kontakt darf banal sein

Wer neugierig wird, erwartet oft zu viel vom ersten Moment. Ein Aha-Erlebnis. Einen klaren Nutzen. Ein Gefühl von Fortschritt.

In der Realität ist der erste Kontakt meist unspektakulär. Und das ist gut so.

Vielleicht ist es nur eine einfache Frage.

Oder ein kurzer Text.

Oder eine Bitte um Ordnung in Gedanken.

Gerade diese Banalität nimmt Angst. Sie zeigt: Hier passiert nichts Dramatisches. Nichts Unumkehrbares. Nichts, das überfordert.

Man kann nichts kaputt machen

Ein wichtiger Gedanke für den Anfang:

Man kann mit KI nichts zerstören.

Es gibt keinen falschen Start.

Keine Konsequenzen.

Keinen Punkt, an dem etwas „schiefgeht".

Antworten dürfen ignoriert werden.

Versuche dürfen abbrechen.

Alles darf gelöscht werden.

Diese Freiheit ist Teil des Systems. Und sie ist wichtig, um entspannt zu bleiben.

Erwartungen bewusst niedrig halten

Viele Enttäuschungen entstehen nicht, weil etwas schlecht ist, sondern weil Erwartungen zu hoch waren.

KI ist kein Erlebnis.

Kein Moment, der alles verändert.

Kein Beweis für Fortschritt.

Manchmal merkt man erst später, dass etwas geholfen hat. Manchmal bleibt es unauffällig. Und manchmal bringt es gar nichts.

Auch das ist in Ordnung.

Der richtige Zeitpunkt ist individuell

Es gibt keinen idealen Moment für einen Einstieg. Kein „Jetzt passt es". Alltag, Stimmung und Neugier entscheiden.

Man darf warten.

Man darf zögern.

Man darf wiederkommen.

Ein Einstieg, der erzwungen wird, bleibt selten positiv. Ein Einstieg aus Neugier dagegen darf wachsen – oder auch wieder verschwinden.

Wann man bewusst aufhören sollte

Nicht jeder Versuch fühlt sich gut an.

Manchmal merkt man: Jetzt ist genug.

Oder: Das überfordert mich gerade.

Dann ist es sinnvoll, aufzuhören.

Nicht aus Ablehnung.

Nicht aus Scheitern.

Sondern aus Selbstwahrnehmung.

Abstand ist kein Rückschritt. Er ist Teil eines gesunden Umgangs.

Ein kurzer Gedanke von Charly

„Man kann auch einfach mal schauen und dann wieder gehen."

Eine ruhige Zusammenfassung

Ein erster Einstieg in KI ist kein Anfang von etwas Großem. Er ist einfach ein Versuch.

Er darf klein sein.

Er darf folgenlos bleiben.

Er darf auch ausbleiben.

Wer sich diese Freiheit lässt, behält die Kontrolle – und genau darum geht es.

Übergang

Im nächsten Kapitel geht es darum,

wann KI sinnvoll ist – und wann nicht.

Um bewusste Entscheidungen statt

Gewohnheiten.

Denn nicht jede Möglichkeit muss

genutzt werden.

Und nicht jede Nutzung ist klug.

Kapitel 9

Wann KI sinnvoll ist – und wann nicht

Nach einem ruhigen Einstieg und vielen Einordnungen bleibt eine zentrale Frage: Wann lohnt es sich eigentlich, KI zu nutzen – und wann eher nicht?

Diese Frage ist wichtiger als jede Anleitung. Denn wer sie für sich beantworten kann, nutzt KI nicht aus Gewohnheit, sondern aus Überzeugung.

KI ist kein Standardwerkzeug für alles

Es ist verführerisch, neue Werkzeuge überall einzusetzen. Was einmal hilfreich war, wird schnell zur Routine. Bei KI ist das jedoch nicht immer sinnvoll.

Nicht jede Aufgabe profitiert von Unterstützung.

Nicht jeder Gedanke braucht einen

Spiegel.

Nicht jede Frage muss beantwortet werden.

Manche Dinge funktionieren besser ohne Zwischenschritt. Direkt. Unmittelbar. Menschlich.

Ein souveräner Umgang mit KI beginnt dort, wo man nicht automatisch zugreift.

Wann KI besonders hilfreich sein kann

KI zeigt ihre Stärken vor allem in vorbereitenden Situationen. Dort, wo es um Überblick, Struktur oder Ordnung geht.

Zum Beispiel:

- wenn Gedanken ungeordnet sind
- wenn ein Thema komplex wirkt
- wenn ein Text klarer werden soll

- wenn man sich auf etwas vorbereiten möchte

In solchen Momenten kann KI helfen, den ersten Nebel zu lichten. Nicht, um Entscheidungen zu treffen, sondern um sie möglich zu machen.
Sie unterstützt den Einstieg – nicht den Abschluss.

Wann KI eher bremst als hilft

Es gibt Situationen, in denen KI wenig beiträgt oder sogar stört.
Bei emotionalen Entscheidungen.
Bei Konflikten.
Bei Gesprächen, die Nähe brauchen.
Bei Momenten, in denen Intuition gefragt ist.
Hier kann zusätzliche Struktur verunsichern. Vorschläge können

ablenken. Worte können Distanz schaffen, wo eigentlich Präsenz nötig wäre.

In solchen Situationen ist es oft klüger, bei sich zu bleiben. Ohne Werkzeug. Ohne Vermittler.

Bewusstes Nicht-Nutzen ist eine Entscheidung

Nicht-Nutzung wird oft als Rückschritt verstanden. Als Verweigerung oder Unsicherheit. Dabei kann sie Ausdruck von Klarheit sein.

Wer weiß, wann KI nicht passt, handelt nicht defensiv – sondern bewusst.

Es ist legitim zu sagen:

- Dafür brauche ich keine Unterstützung.
- Das möchte ich selbst klären.

- Hier vertraue ich meinem Gefühl.

Diese Entscheidungen sind kein Zeichen von Ablehnung. Sie sind Teil eines reifen Umgangs.

Eigene Regeln entwickeln

Es gibt keine allgemeinen Regeln, die für alle gelten. Aber es kann hilfreich sein, eigene Grenzen zu definieren.

Zum Beispiel:

- Ich nutze KI nur zur Vorbereitung.
- Ich nutze sie nicht für Entscheidungen.
- Ich nutze sie nur gelegentlich.

Solche Regeln müssen nicht dauerhaft sein. Sie dürfen sich ändern. Wichtig ist nur, dass sie bewusst entstehen – nicht aus Gewohnheit.

Balance statt Dauerverfügbarkeit

Je verfügbar ein Werkzeug ist, desto leichter wird es zur Selbstverständlichkeit. Gerade deshalb ist Balance wichtig.

Ständige Nutzung erzeugt Unruhe.

Bewusste Distanz erhöht den Nutzen.

KI darf da sein.

Sie darf aber auch wieder verschwinden.

Nicht alles, was möglich ist, muss ständig genutzt werden.

Ein kurzer Gedanke von Charly 🐶

„Manchmal ist nichts tun
die klügste Entscheidung."

Eine ruhige Zusammenfassung

KI ist ein Angebot.

Kein Muss.

Kein Maßstab.

Kein Wettbewerb.

Souveränität zeigt sich nicht darin, alles zu nutzen – sondern auswählen zu können.

Wer weiß, wann KI sinnvoll ist und wann nicht, behält die Kontrolle. Und genau darum geht es.

Übergang

Im nächsten und letzten Kapitel geht es um die Frage, wie es weitergehen kann – wenn man möchte. Ohne Verpflichtung. Ohne Zielvorgabe.

Denn Orientierung ist kein Startschuss. Sie ist einfach Orientierung.

Kapitel 10

Wie es weitergehen kann (wenn man möchte)

Am Ende dieses Buches steht kein Auftrag.

Kein nächster Schritt.

Kein „Jetzt anfangen“.

Und das ist bewusst so.

Denn dieses Buch wollte nie etwas auslösen. Es wollte einordnen. Beruhigen. Orientierung geben. Mehr nicht.

Wenn genau das passiert ist, dann ist dieses Buch vollständig erfüllt.

Dieses Buch muss nichts vorbereiten

Manche Sachbücher fühlen sich an wie ein Vorspann. Als wäre das eigentliche Ziel noch nicht erreicht. Als müsste danach etwas kommen, damit es „sich gelohnt hat".

Dieses Buch funktioniert anders.

Es muss nichts vorbereiten.

Es muss nichts anstoßen.

Es muss nichts rechtfertigen.

Wer es liest und danach sagt: *„Jetzt verstehe ich KI besser"*, hat bereits alles erreicht, was dieses Buch leisten wollte.

Manche bleiben hier – und das ist gut so

Nicht jeder möchte vertiefen.

Nicht jeder möchte ausprobieren.

Nicht jeder möchte Technik in seinen Alltag integrieren.

Für viele Menschen reicht es, ein Thema einzuordnen. Zu verstehen, worum es geht – und worum nicht. Diese

Entscheidung ist kein Stillstand, sondern Klarheit.
Sich bewusst gegen eine Vertiefung zu entscheiden, ist keine Schwäche. Es ist eine Form von Selbstbestimmung.

Andere werden neugierig – auch das ist in Ordnung

Bei manchen entsteht mit der Zeit Neugier. Nicht sofort. Nicht geplant.
Vielleicht Wochen oder Monate später.
Vielleicht in einer ganz konkreten Situation.
Diese Neugier braucht keinen Zeitplan.
Kein Ziel.
Keinen Vergleich.
Sie darf kommen – oder auch wieder verschwinden.

Lernen ohne Zielvorgabe

Wer sich weiter mit KI beschäftigen möchte, darf das ohne Druck tun. Ohne das Gefühl, etwas „können“ zu müssen. Ohne Anspruch auf Vollständigkeit.

Lernen darf fragmentarisch sein.

Punktuell.

Situativ.

Manchmal nutzt man etwas. Dann wieder lange nicht. Auch das ist Lernen.

Wenn man eine begleitete Vertiefung sucht

Manche Leser stellen nach der Lektüre fest, dass sie KI nicht nur einordnen, sondern auch praktisch erkunden möchten – langsamer, strukturierter und mit Begleitung.

Für diesen Fall gibt es unterschiedliche Lernformate. Eines davon ist der Kurs **„28 Days to AI“**, der als ruhige, schrittweise Vertiefung konzipiert ist.

Dieses Buch ist bewusst nicht Teil eines solchen Formats.

Es steht für sich.

Ob und wie man danach weitergeht, bleibt eine persönliche Entscheidung – oder auch keine.

Ein letzter Gedanke

Technik verändert sich.

Begriffe kommen und gehen.

Debatten werden lauter und leiser.

Was bleibt, ist die Fähigkeit, Dinge einzuordnen. Ruhe zu bewahren. Eigene Entscheidungen zu treffen.

Wer verstanden hat, was KI kann – und was nicht –, ist ihr nicht ausgeliefert.

Er bleibt handlungsfähig.

Oder bewusst unbeteiligt.

Beides ist eine Form von Souveränität.

Ein letzter Gedanke von Charly 🐶

„Jetzt ist gut.

Mehr muss es nicht sein."

Nachwort

Gelassen bleiben in einer lauten Zeit

Technologische Debatten verlaufen selten leise.

Sie werden zugespitzt, vereinfacht und emotional aufgeladen.

Künstliche Intelligenz bildet da keine Ausnahme.

Je lauter die Diskussion wird, desto wichtiger wird etwas anderes: innere Distanz. Die Fähigkeit, Themen einzuordnen, ohne sich mitreißen zu lassen. Und Entscheidungen zu treffen, ohne sich rechtfertigen zu müssen.

Dieses Buch wollte genau dabei helfen.

Verstehen ist kein Anfang von etwas

In vielen Bereichen wird Verstehen als Vorbereitung gesehen. Als erster Schritt. Als Einstieg in etwas Größeres.

Hier nicht.

Verstehen ist hier ein Ziel für sich.

Wer nach der Lektüre besser einordnen kann, was KI ist und was nicht, muss nichts weiter tun. Er ist weder verpflichtet, etwas auszuprobieren, noch etwas zu vertiefen.

Verstehen allein verändert oft schon den Blick.

Und manchmal reicht das vollkommen aus.

Technik darf wieder klein werden

KI wird oft als etwas Großes beschrieben. Als Wendepunkt. Als Umbruch. Als etwas, das alles verändert.

Vielleicht stimmt das.

Vielleicht auch nicht.

Für den Einzelnen darf Technik trotzdem klein bleiben. Ein Werkzeug. Eine Möglichkeit. Oder etwas, das man bewusst ignoriert.

Nicht jede Veränderung muss persönlich werden.

Nicht jede Entwicklung muss begleitet werden.

Eine stille Kompetenz

In einer Zeit, in der vieles laut, schnell und fordernd ist, wird eine Fähigkeit immer wertvoller: ruhig zu bleiben.

Ruhig zu denken.

Ruhig zu entscheiden.

Ruhig auch einmal nichts zu tun.

Diese Form von Gelassenheit ist keine Gleichgültigkeit. Sie ist eine Kompetenz. Und sie schützt davor, sich von Erwartungen treiben zu lassen, die nicht die eigenen sind.

Ein letzter Gedanke

Wer verstanden hat, was KI kann – und was nicht –, hat bereits etwas Wichtiges gewonnen: Orientierung.

Mit dieser Orientierung kann man vieles tun.

Oder auch nichts.

Beides ist richtig.

Charly würde sagen:

„Wenn alles gesagt ist, darf man auch einfach still sein.“

www.ingramcontent.com/pod-product-compliance
Lightning Source LLC
LaVergne TN
LVHW100402051026
849518LV00003B/1115

* 9 7 8 3 9 8 2 7 6 9 9 1 2 *